Livre de coloriage
ABC

Coloring Pages for Kids

Coloring Pages for Kids
An imprint of Ciparum LLC

Livre de coloriage ABC
© 2017 Ciparum LLC
All rights reserved.
ISBN-10:1-63589-385-2
ISBN-13:978-1-63589-385-4

Coloring Pages for Kids

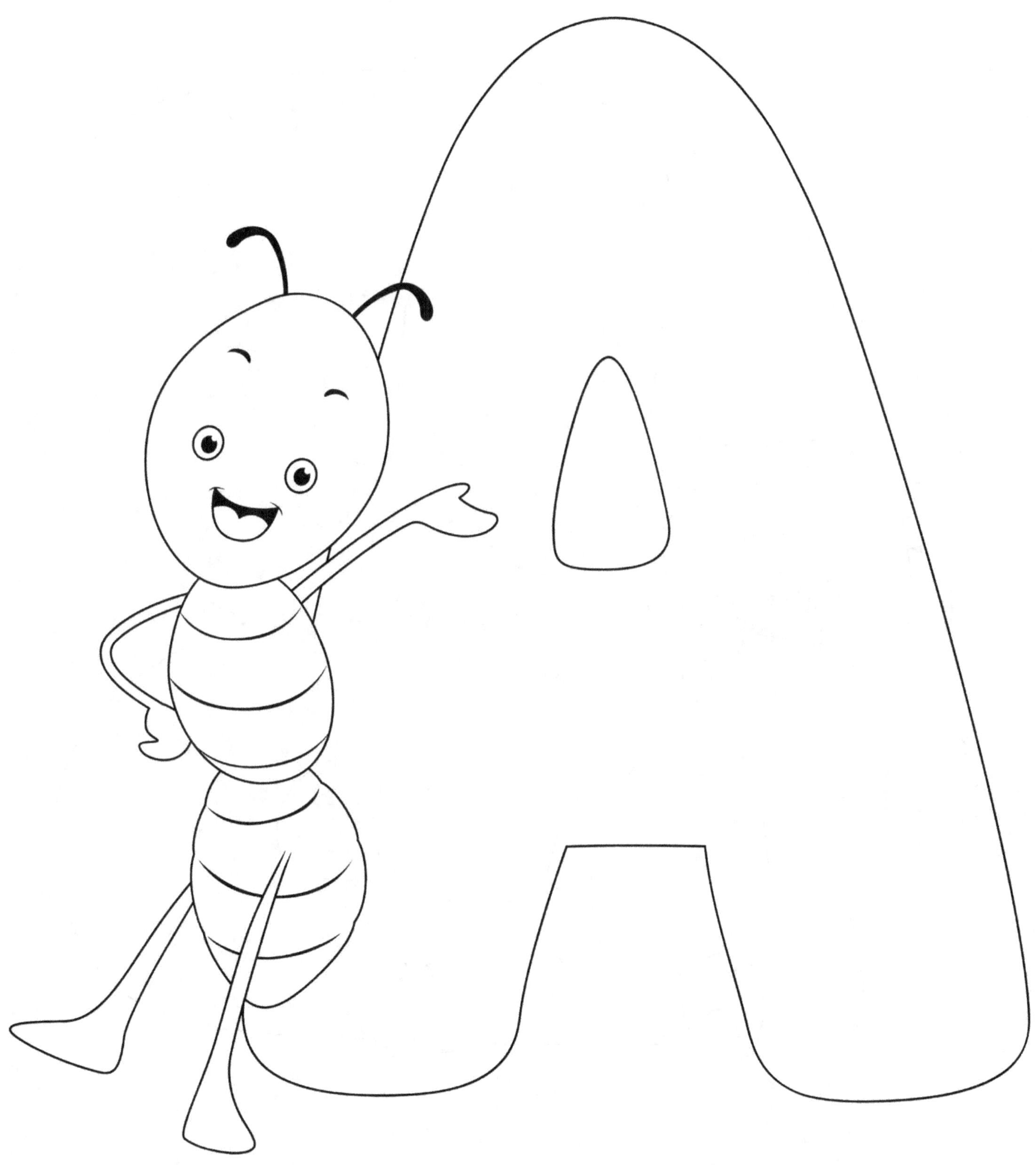

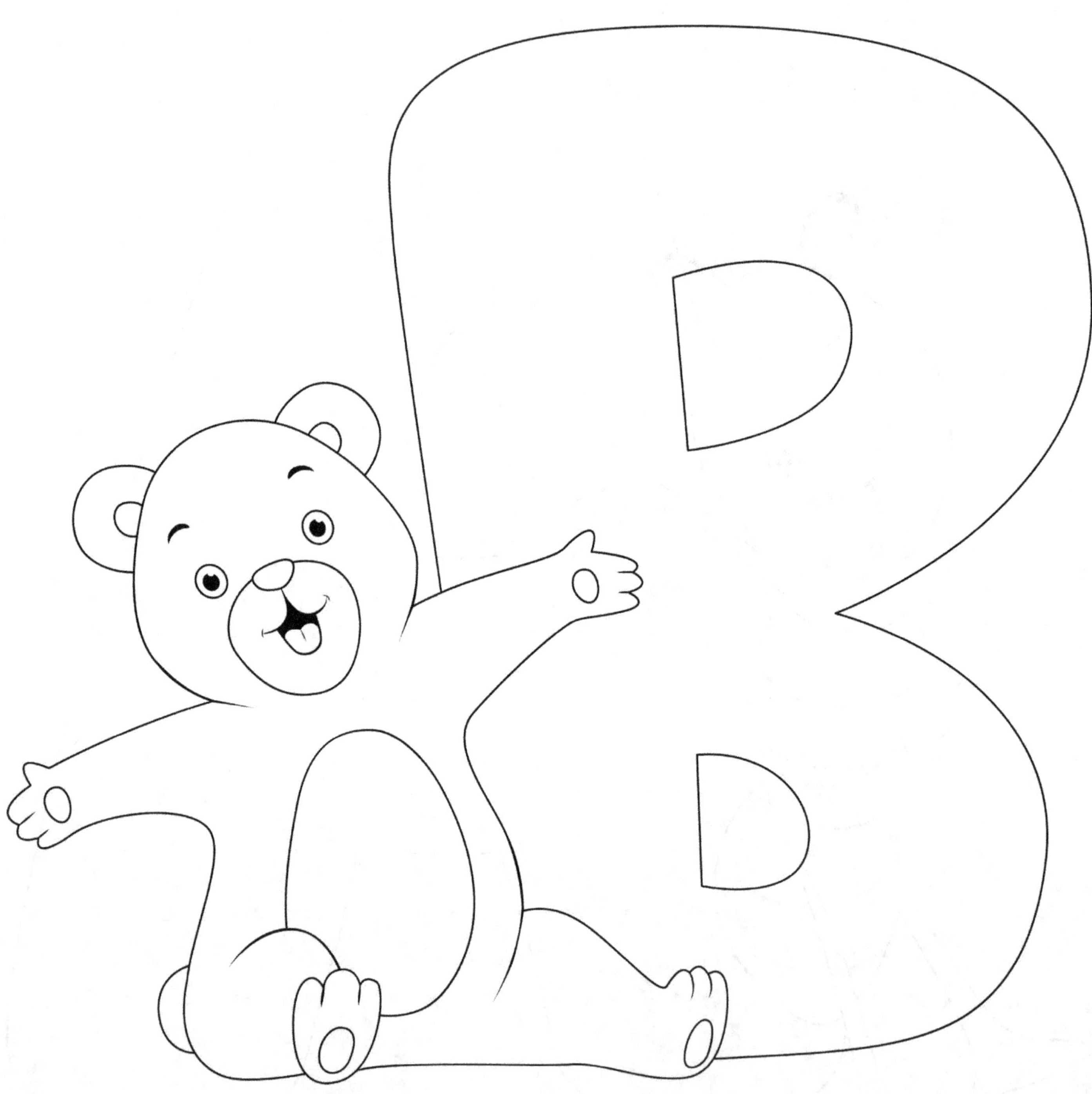

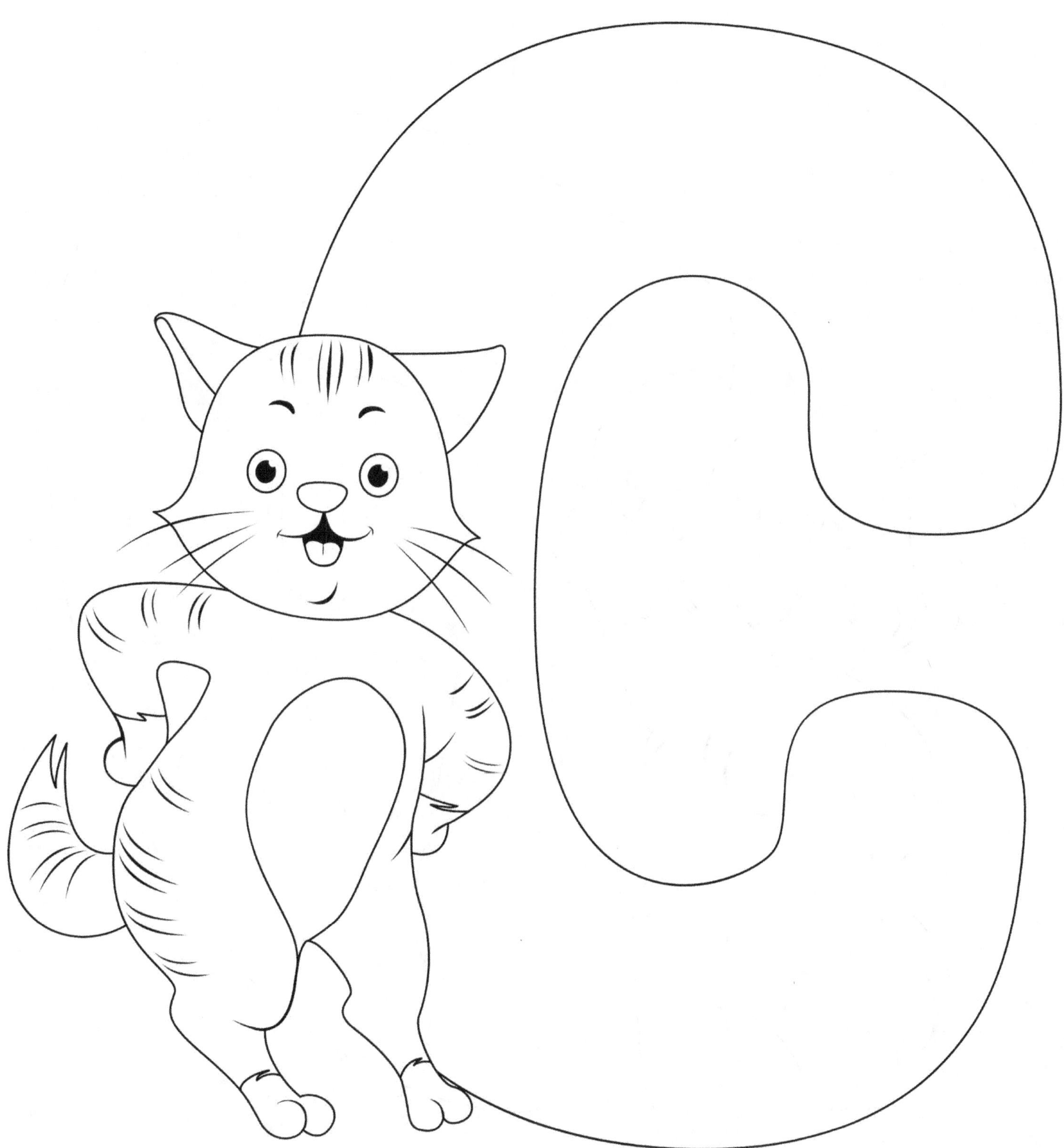

C

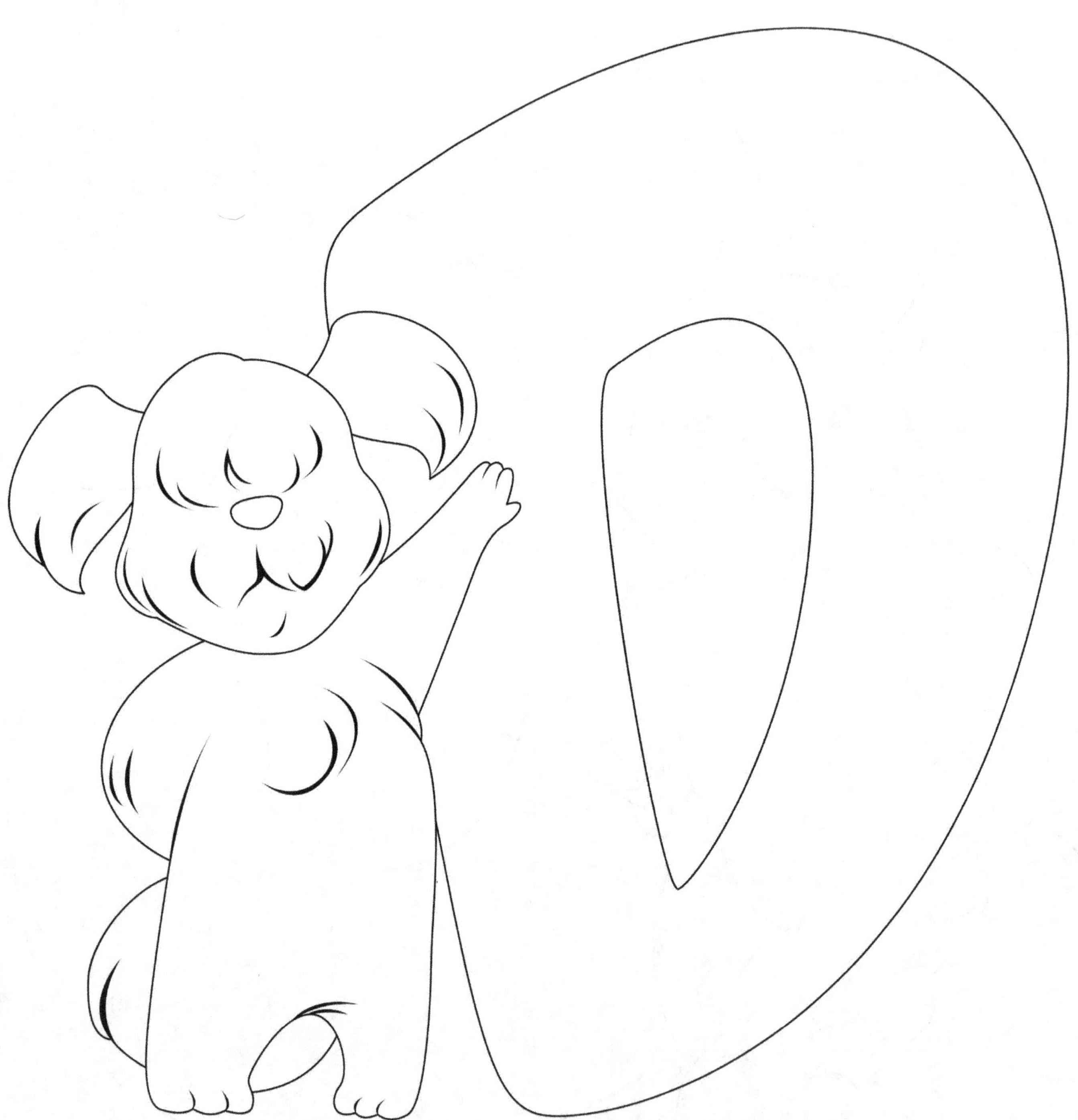

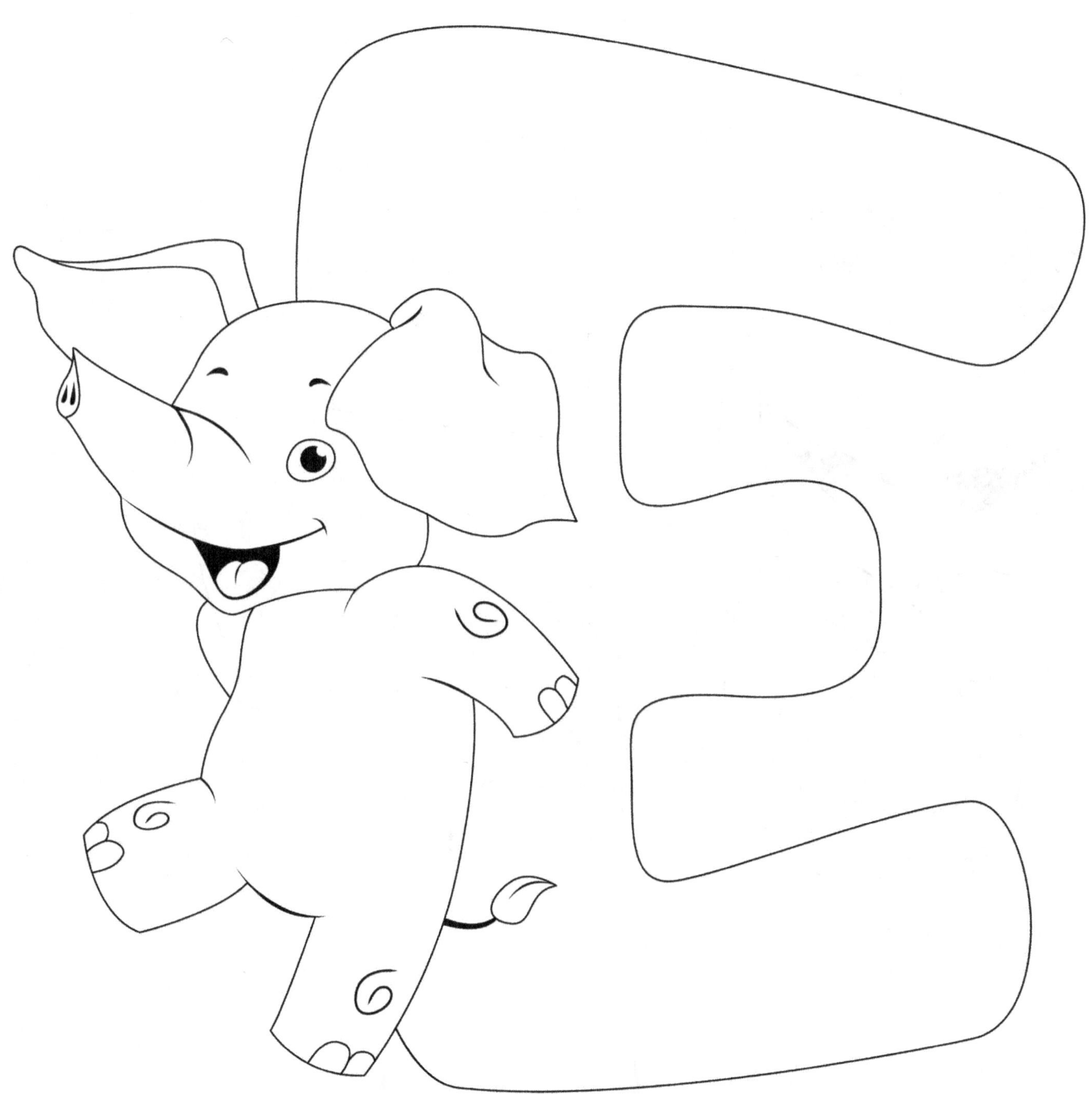

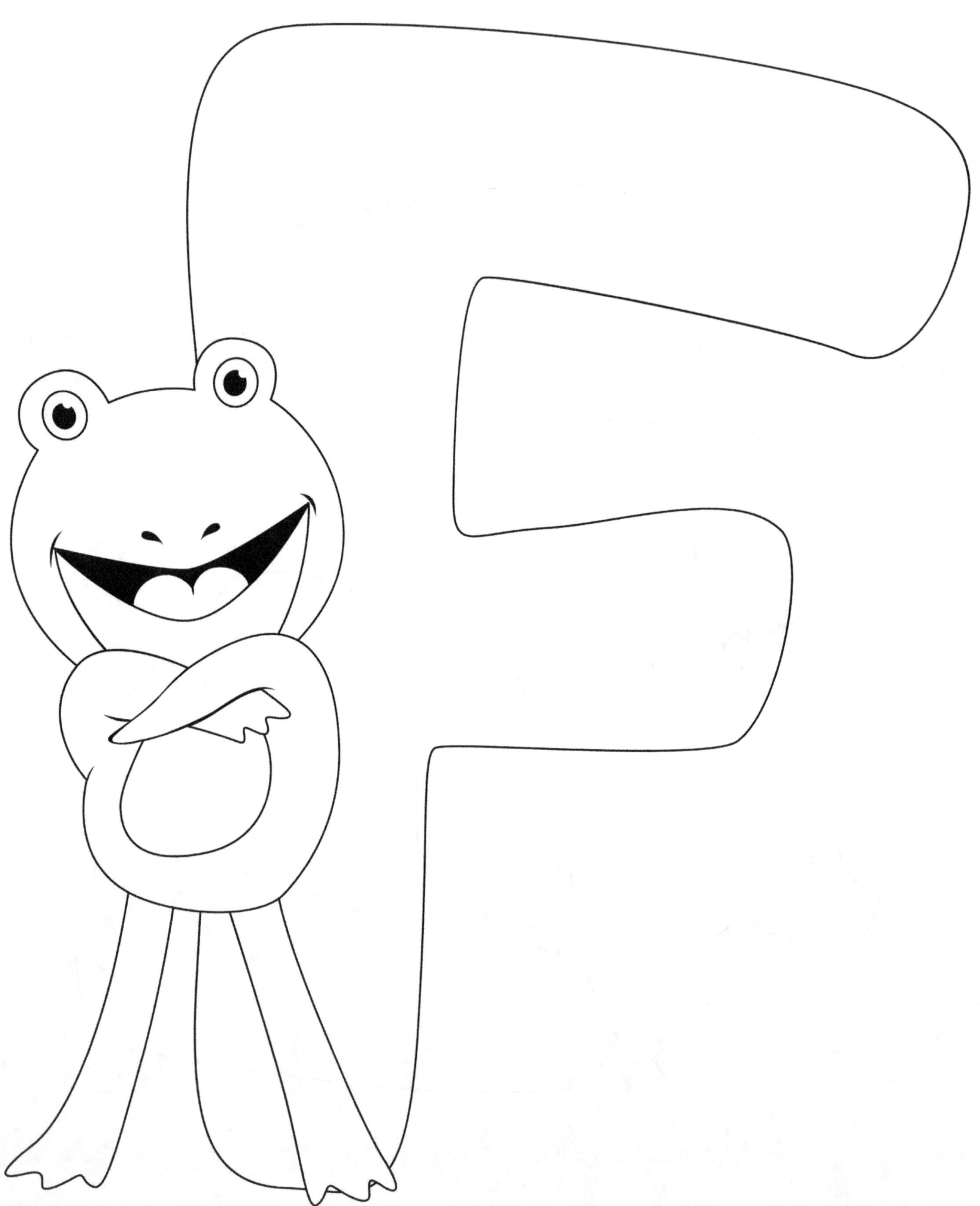

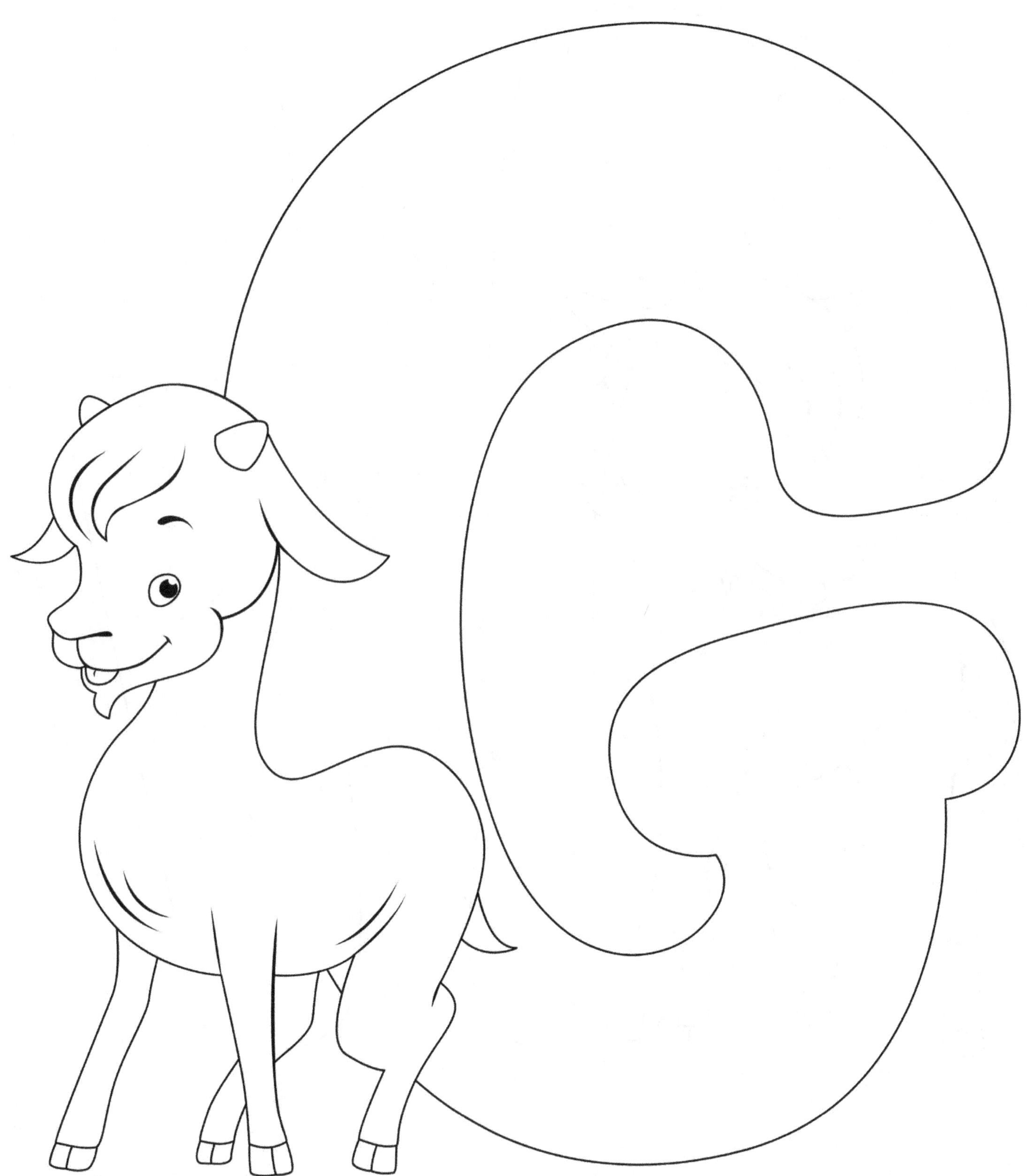

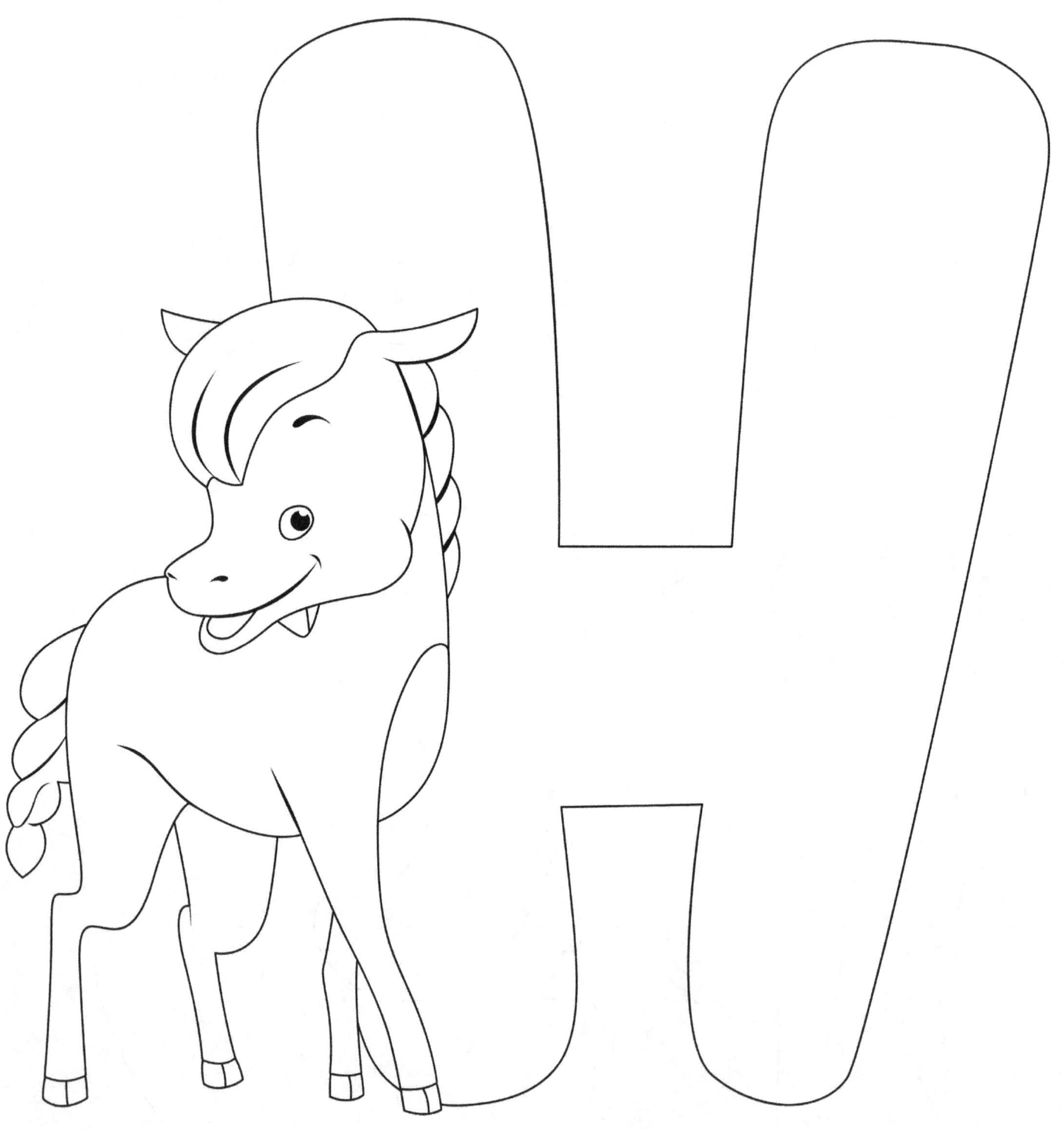

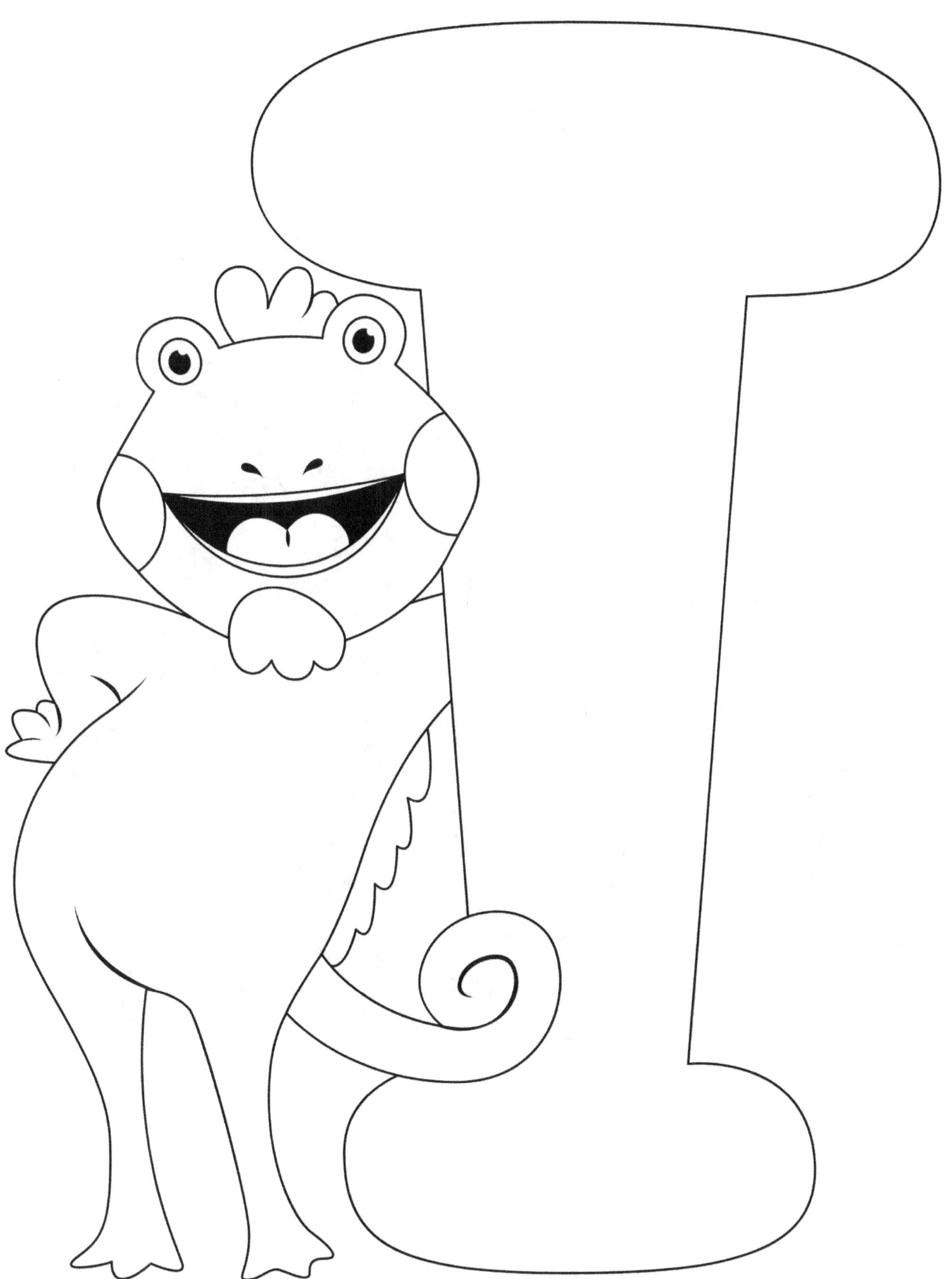

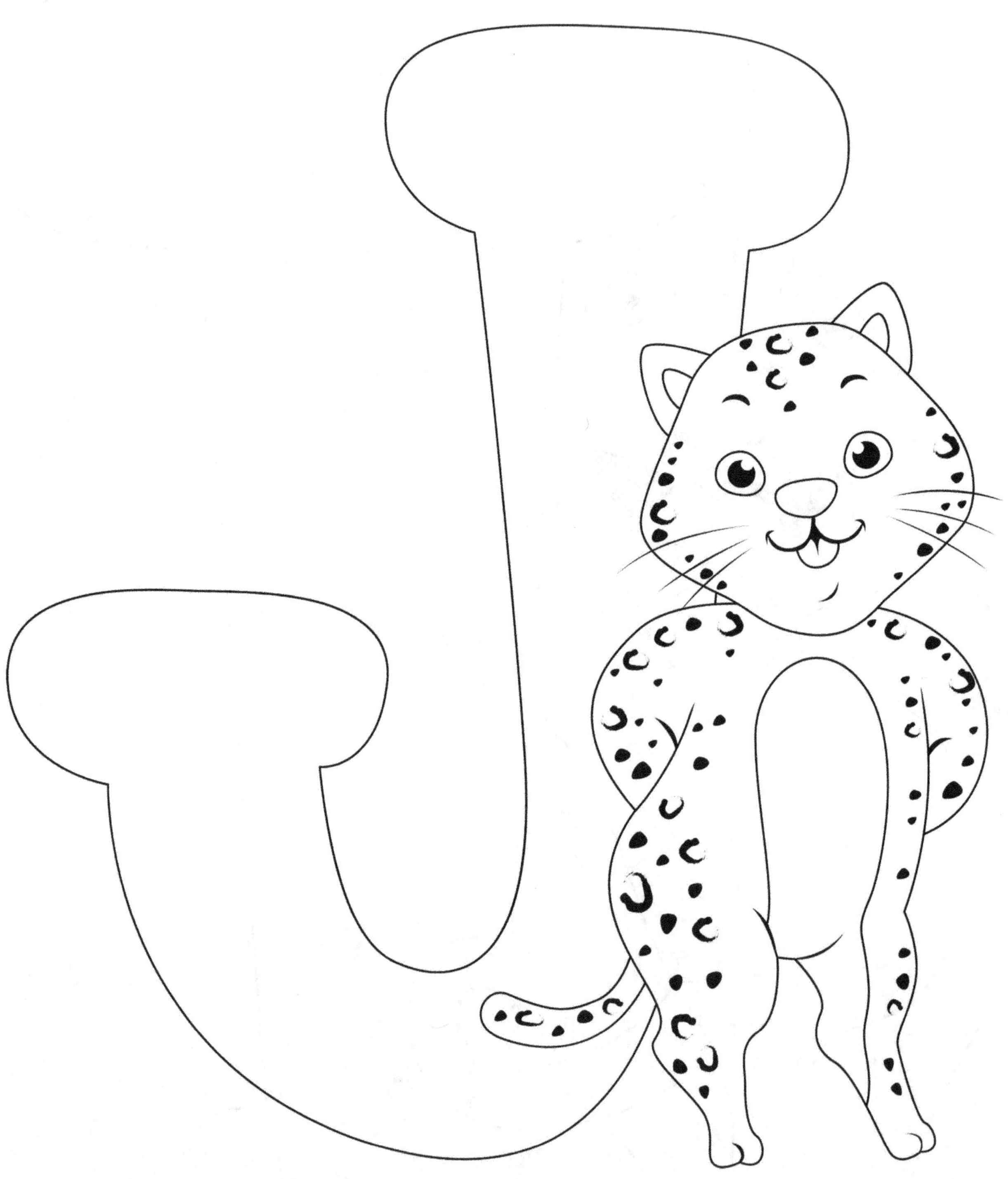

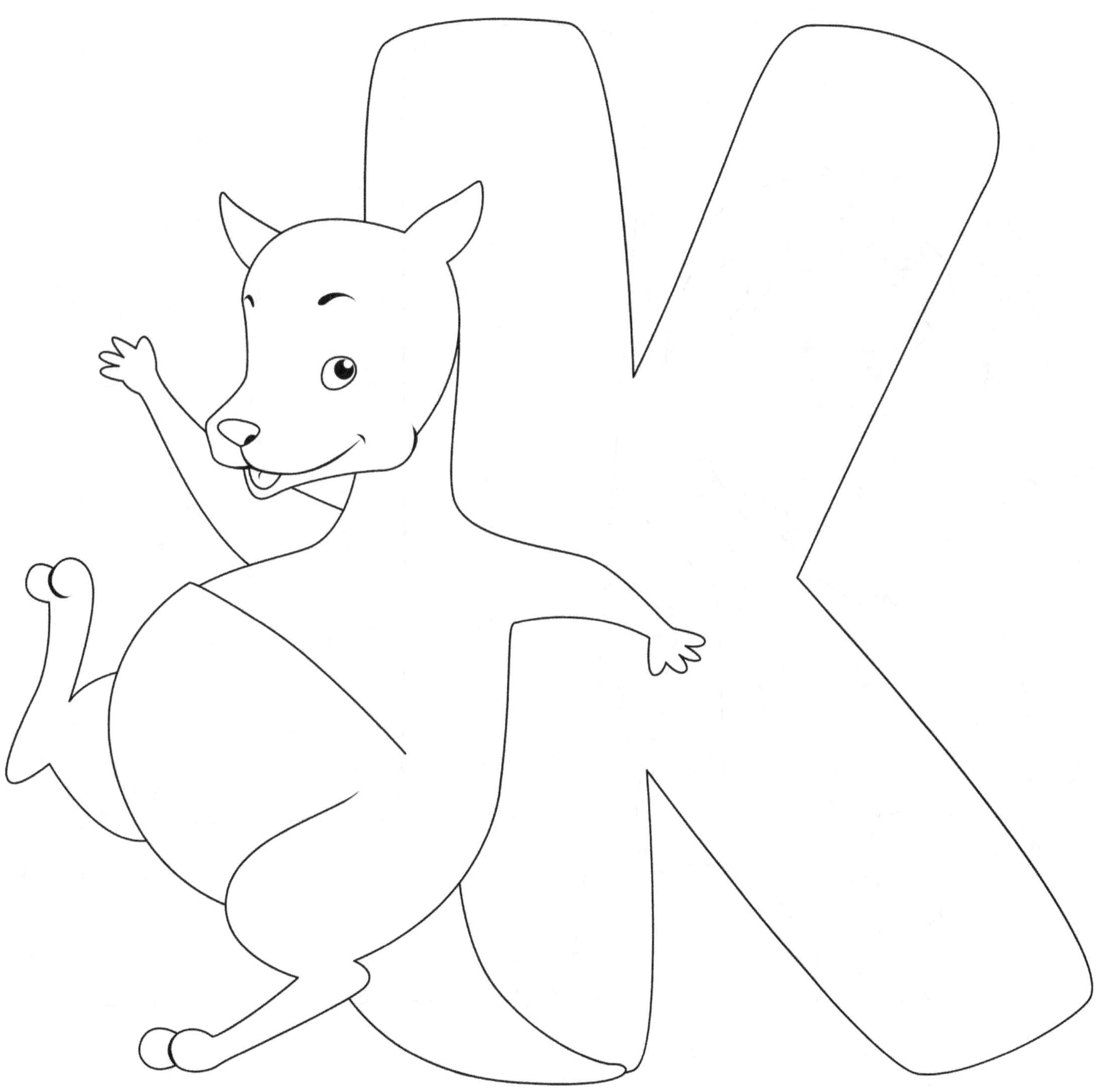

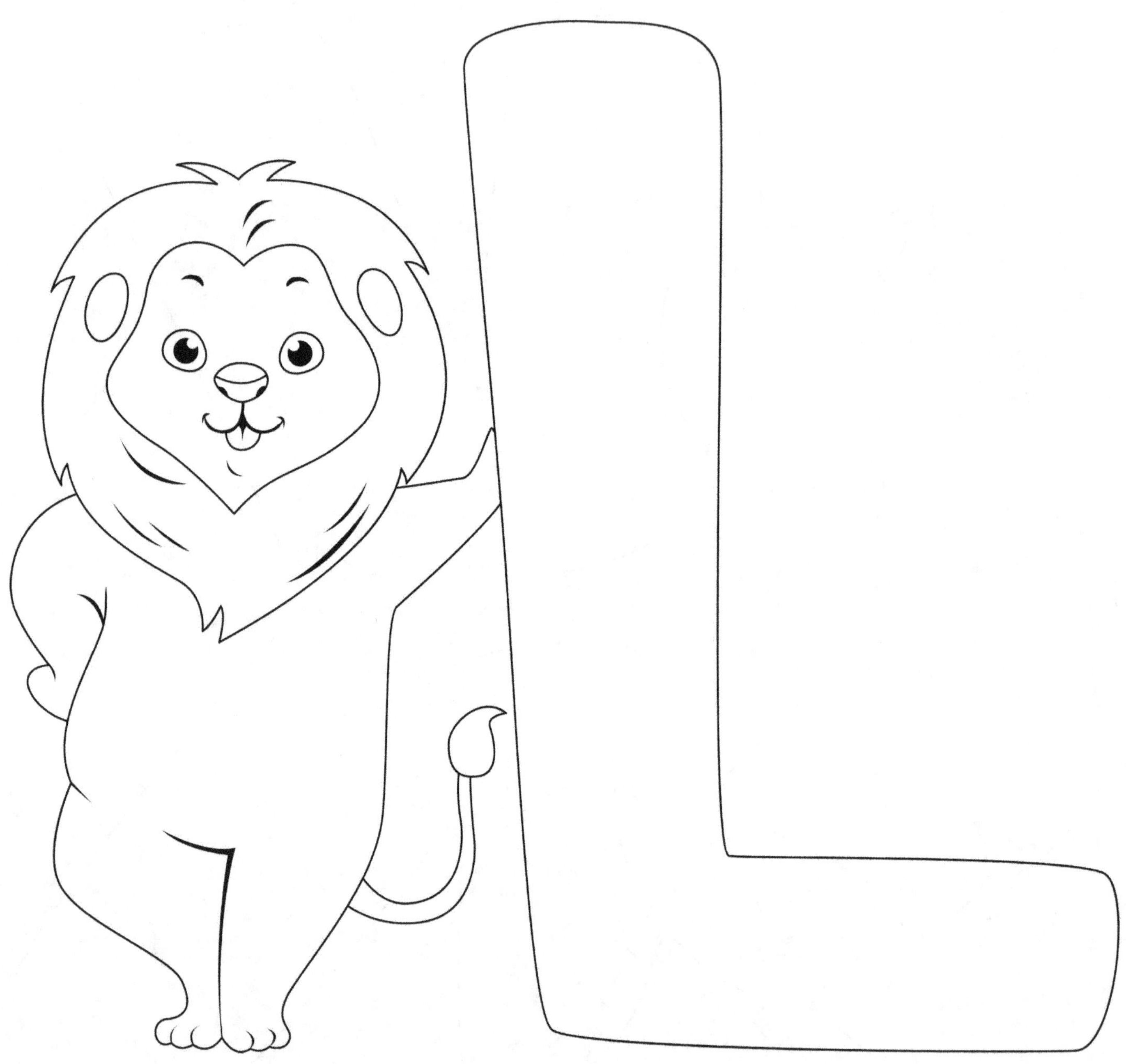

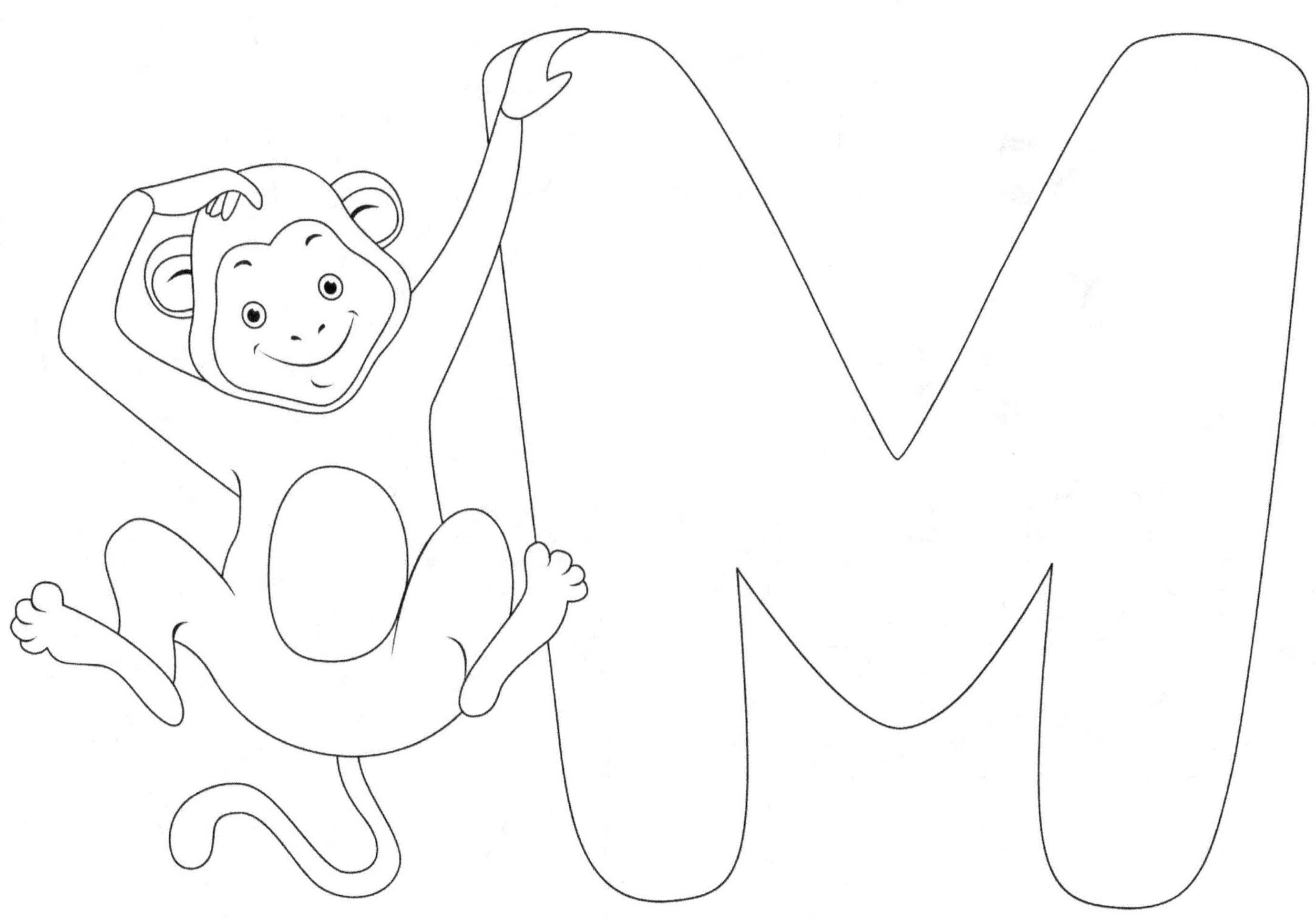

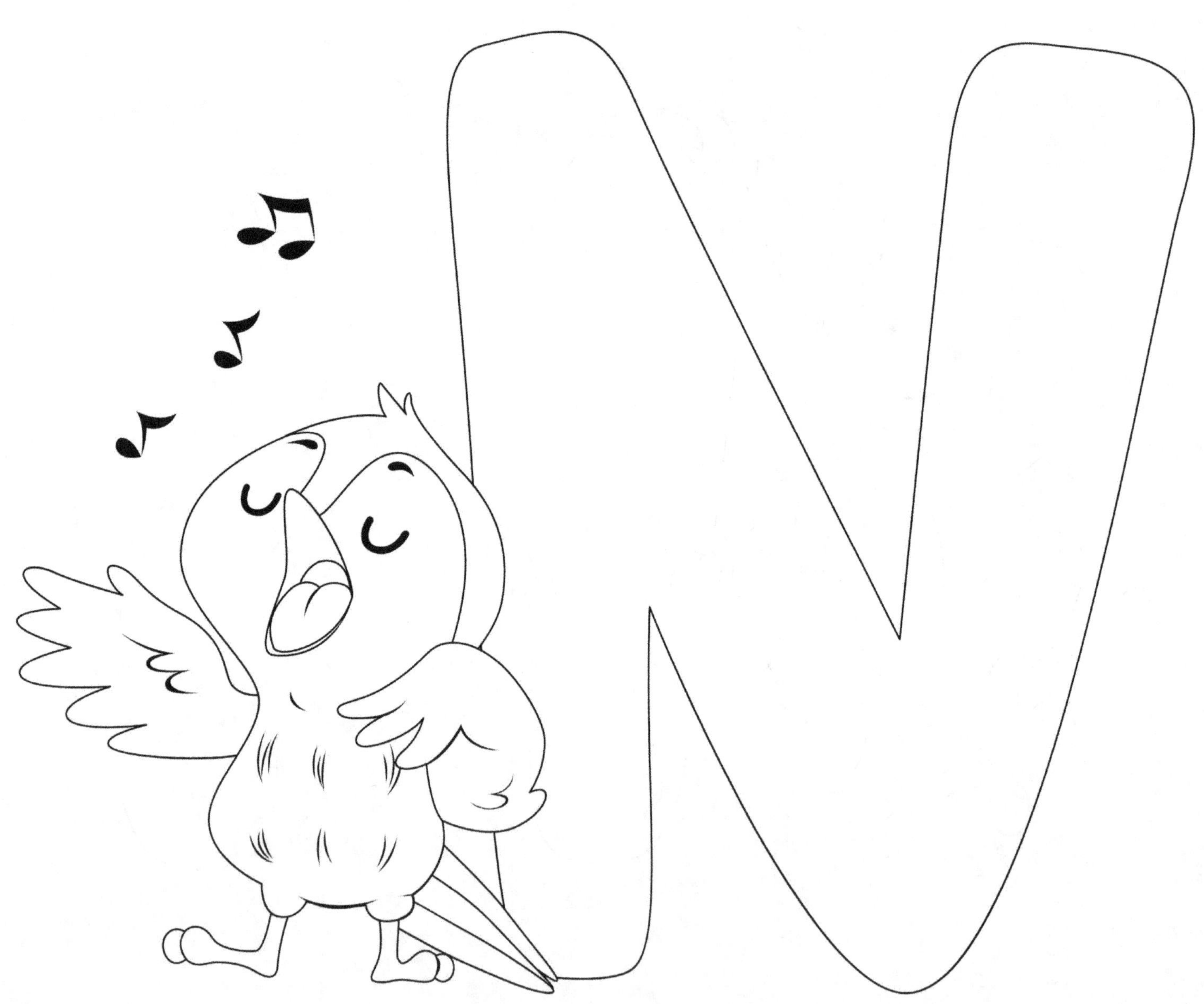

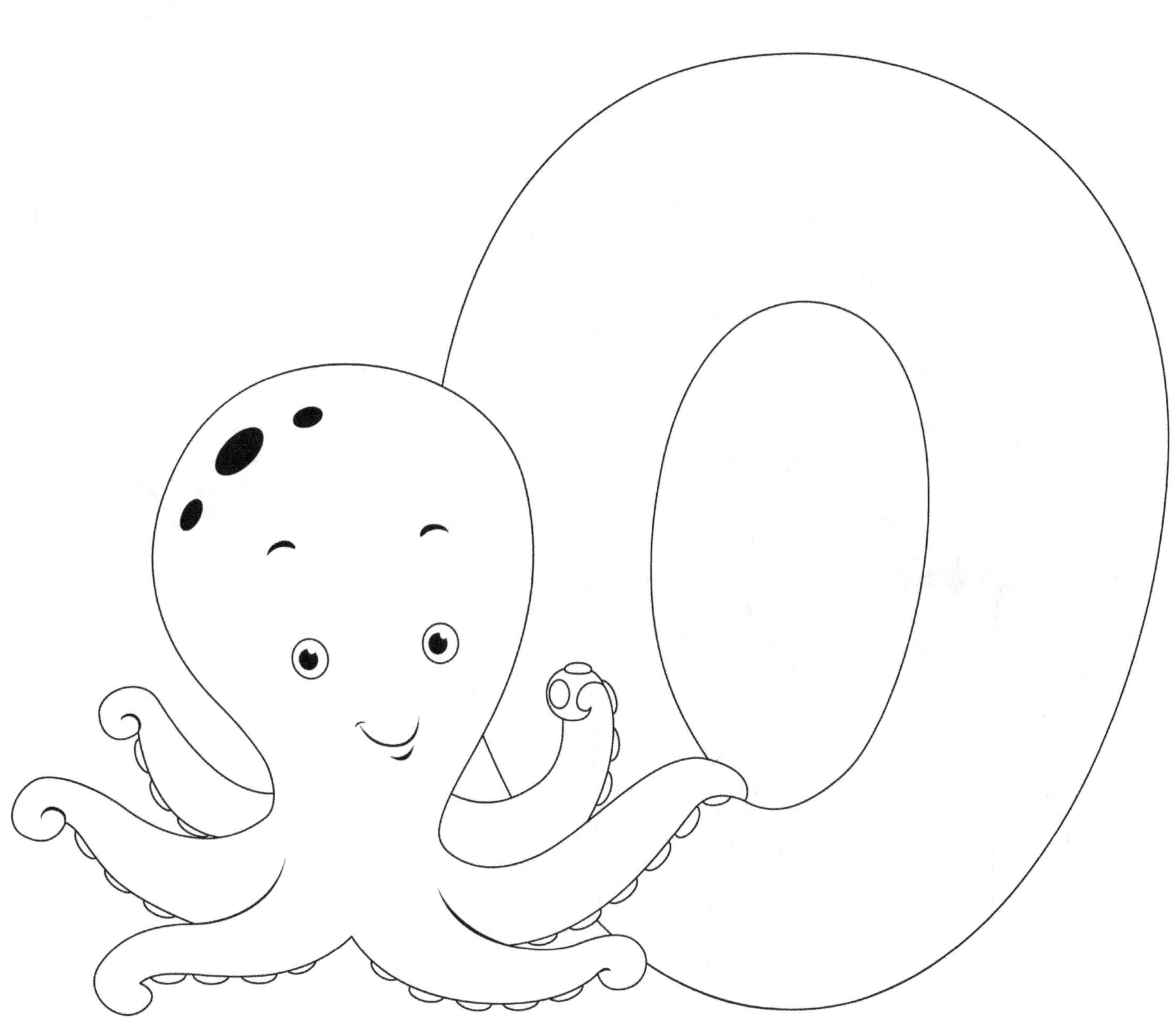

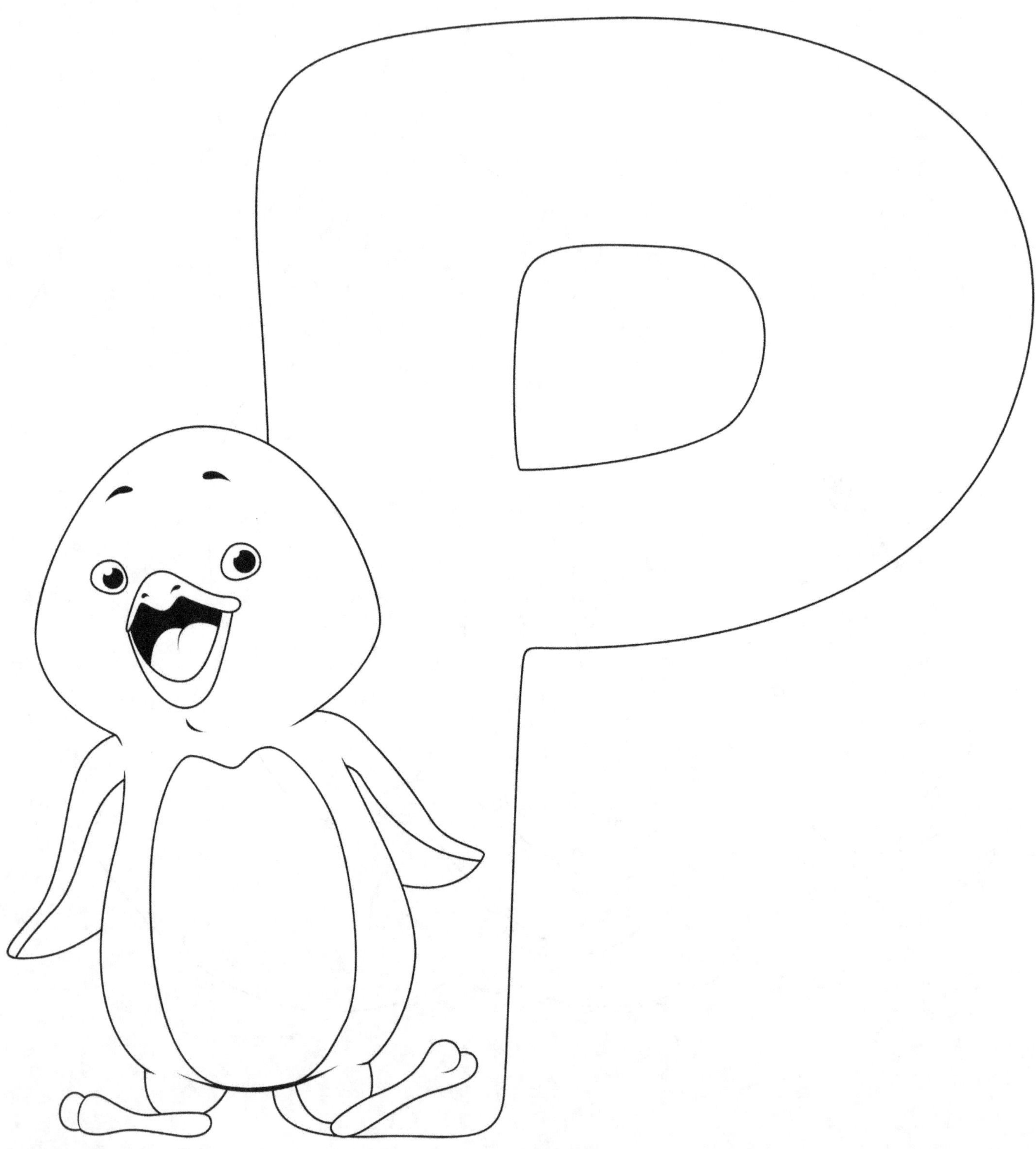

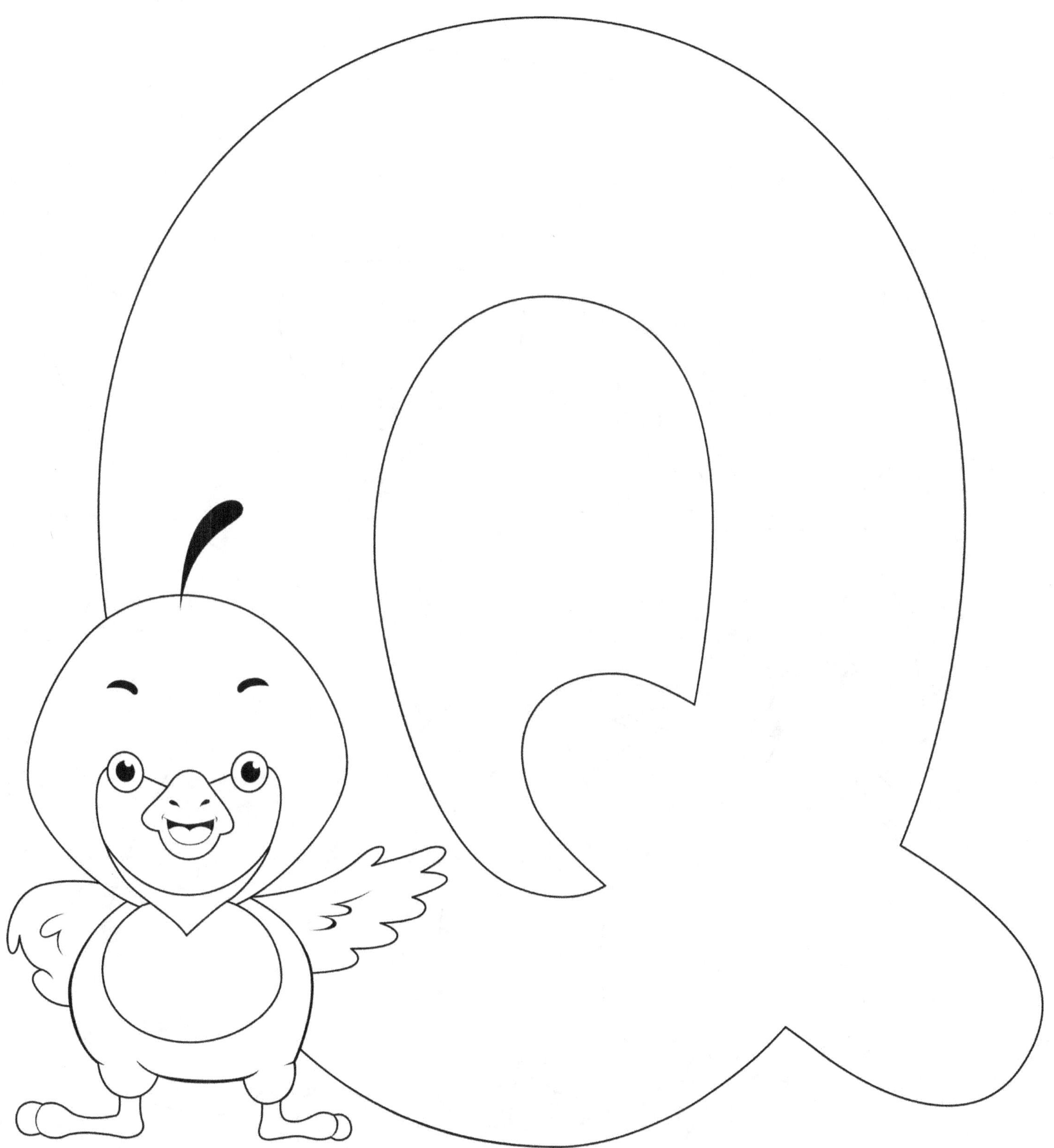

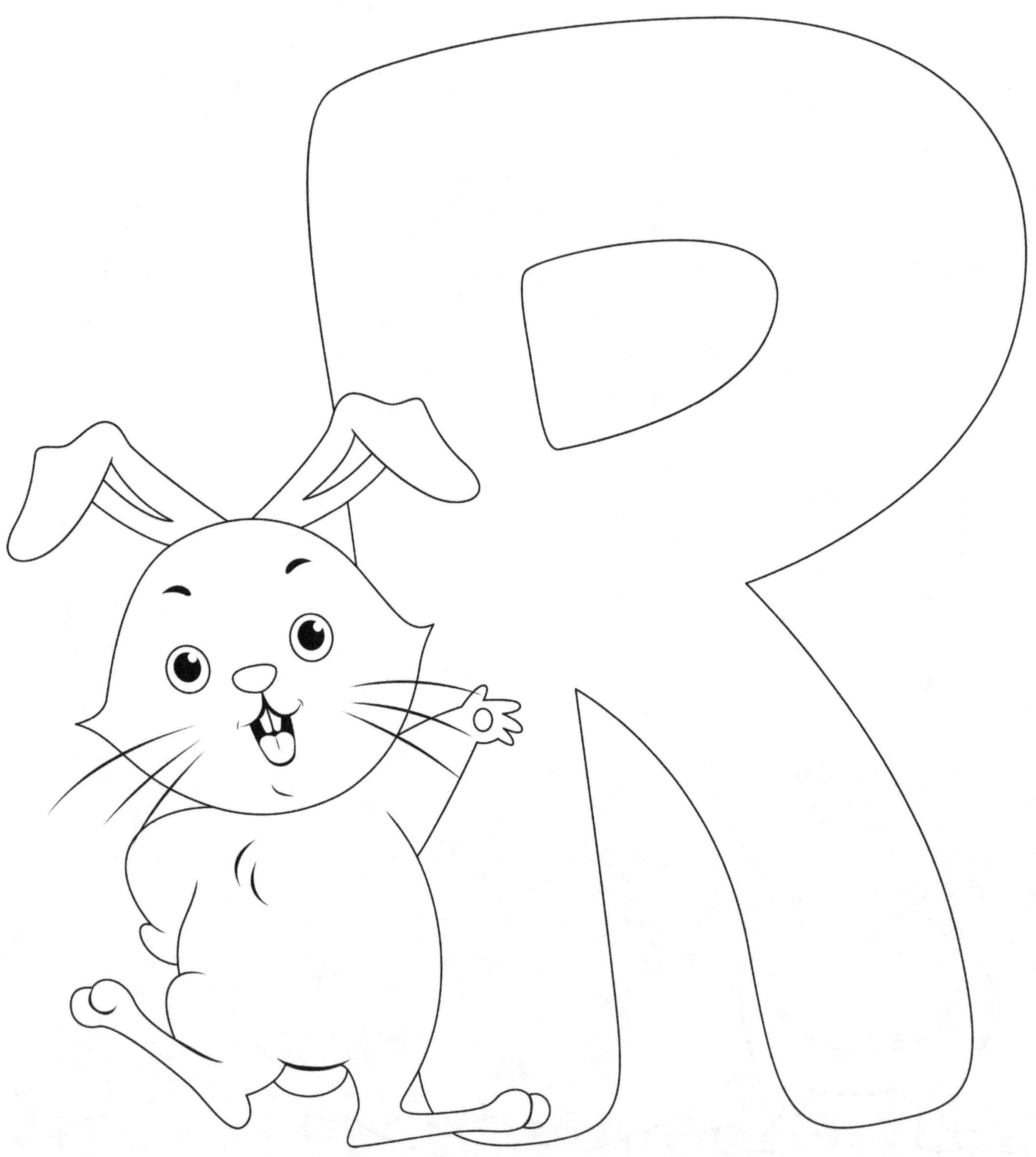

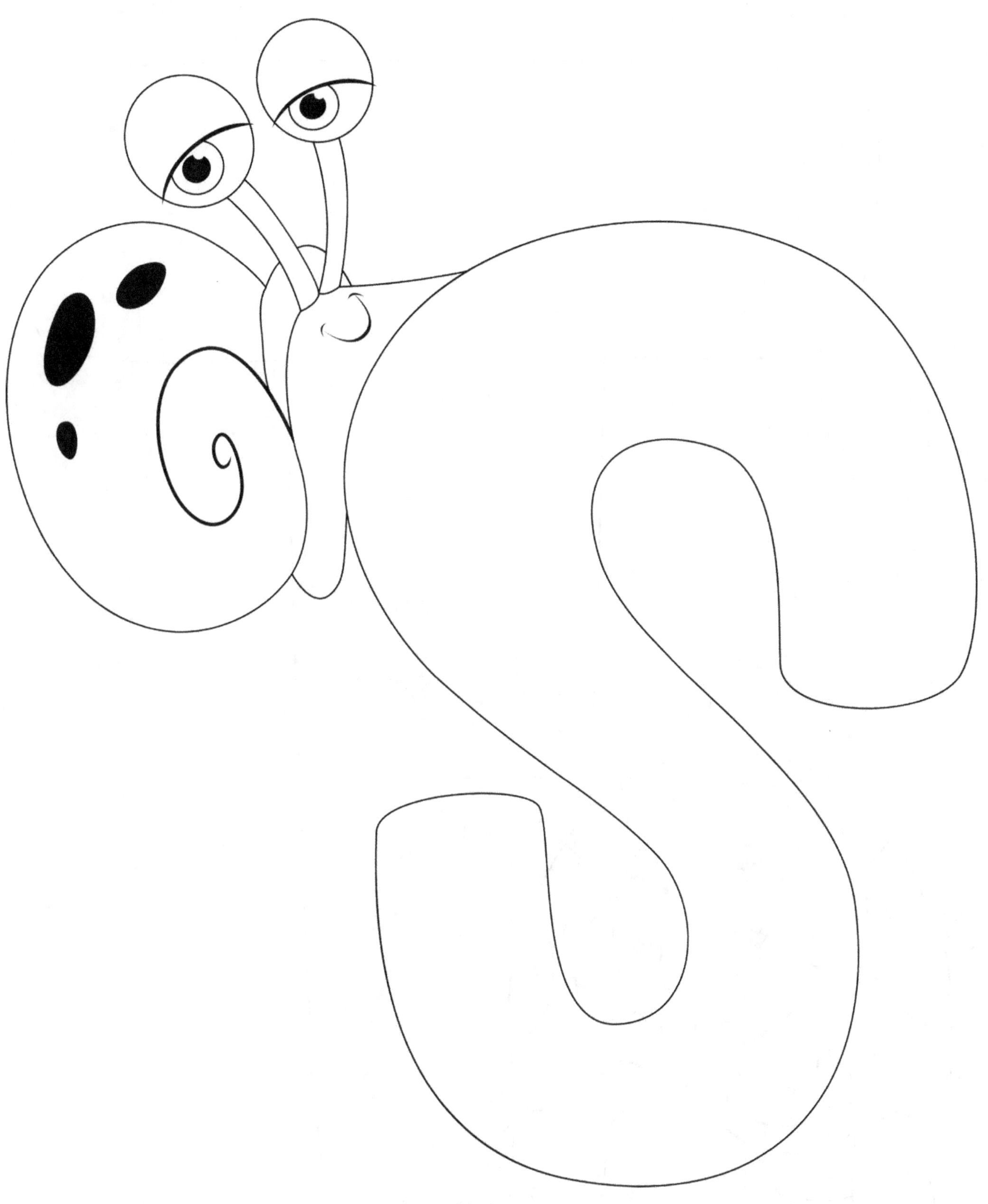

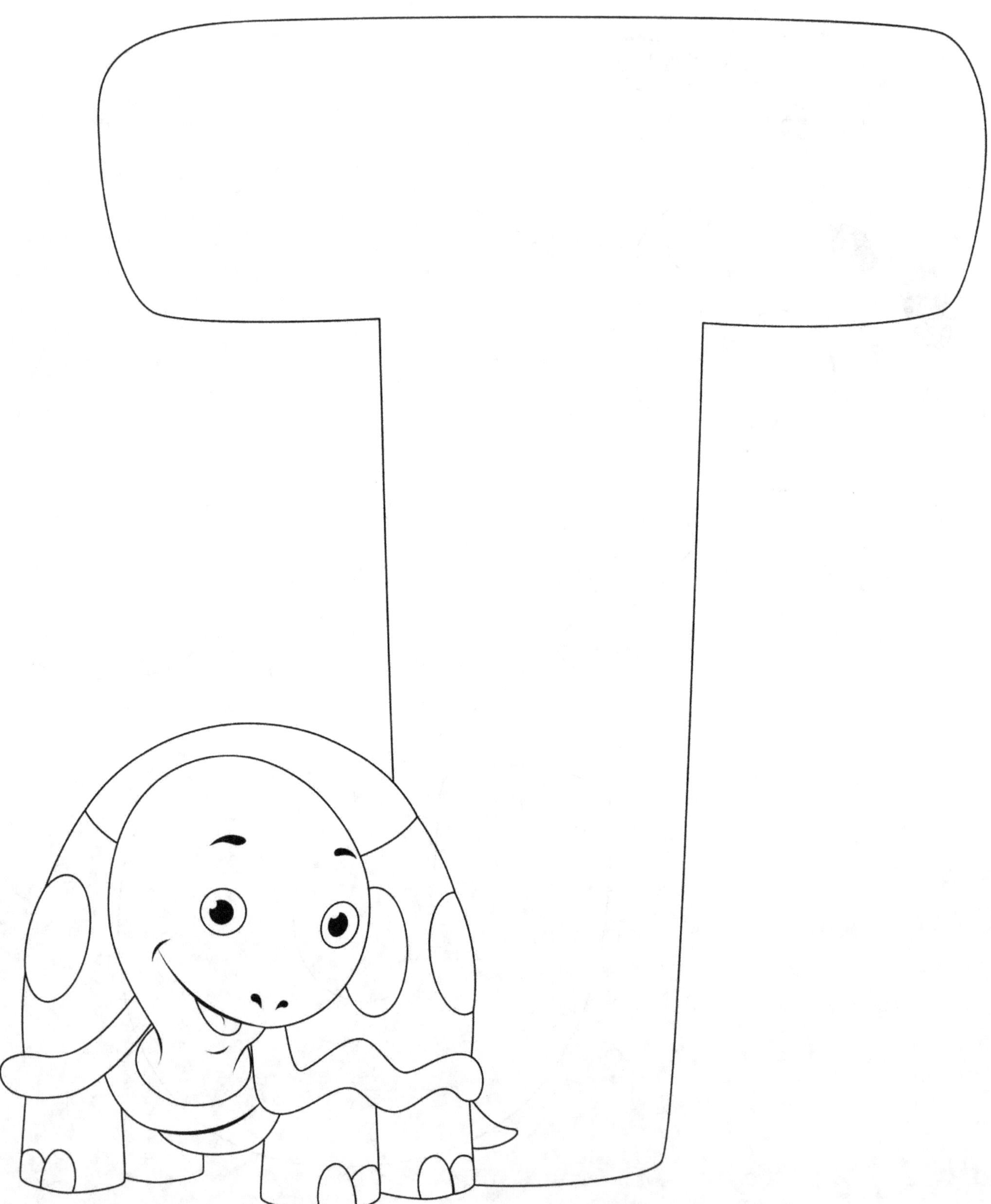

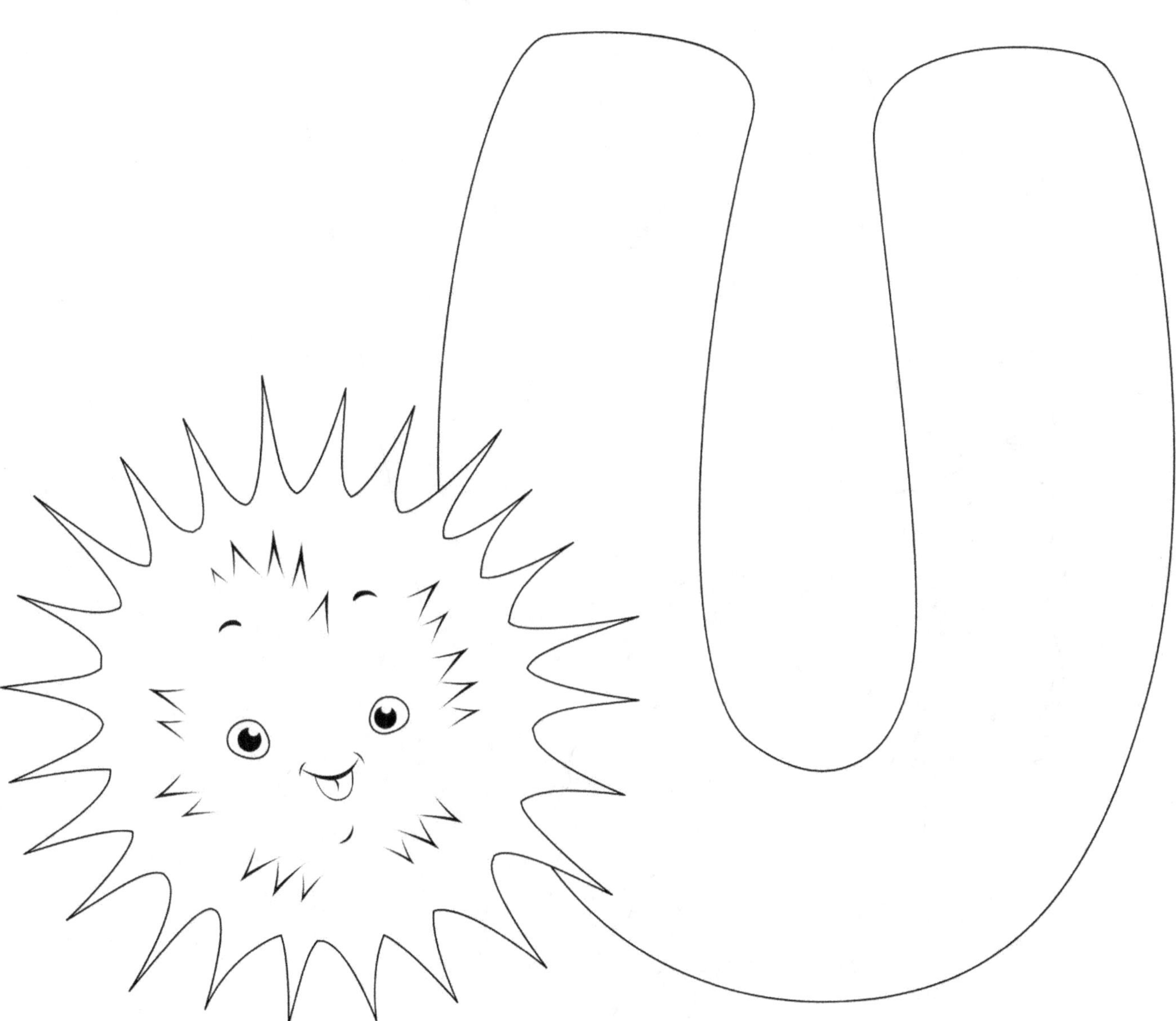

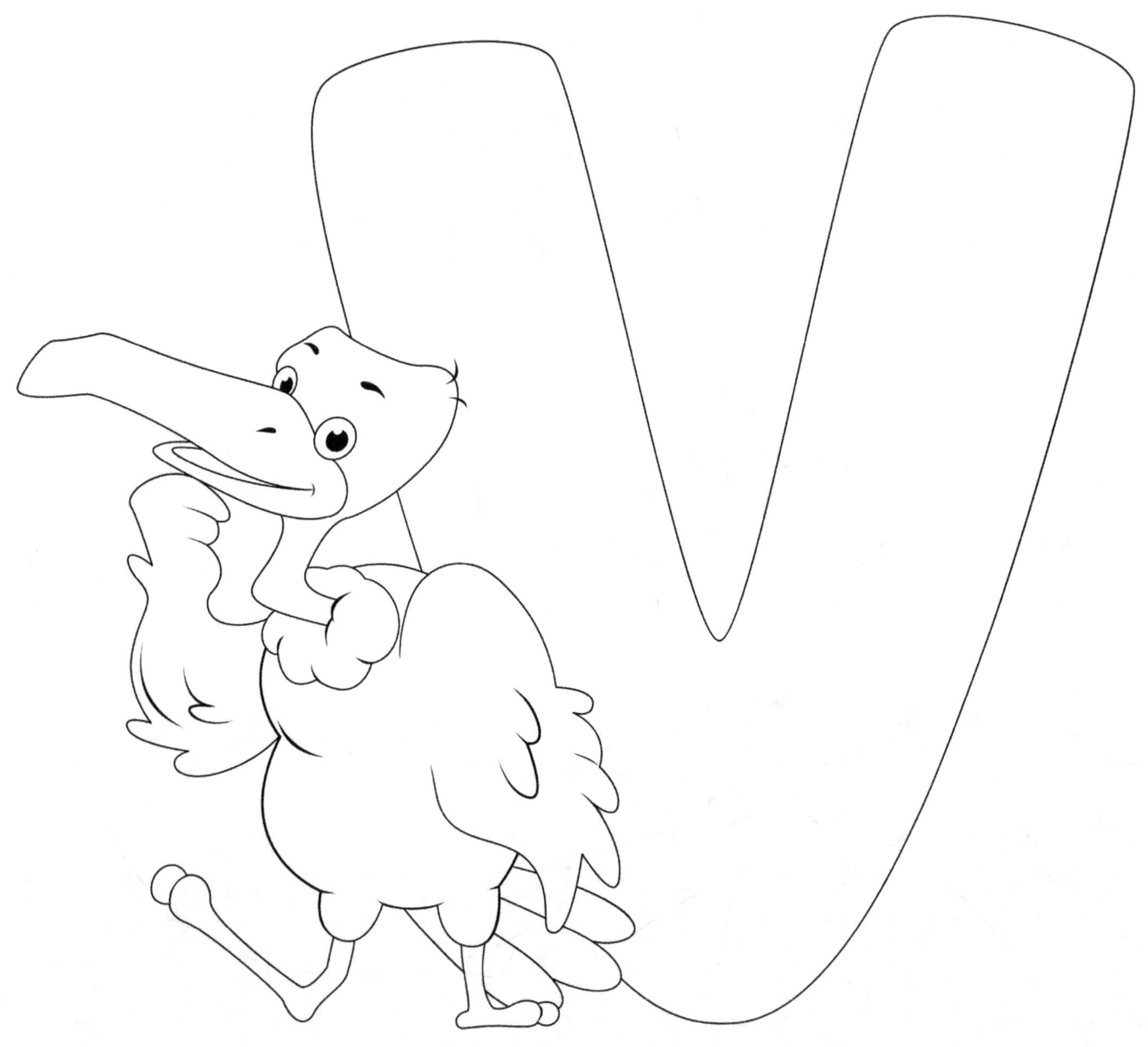

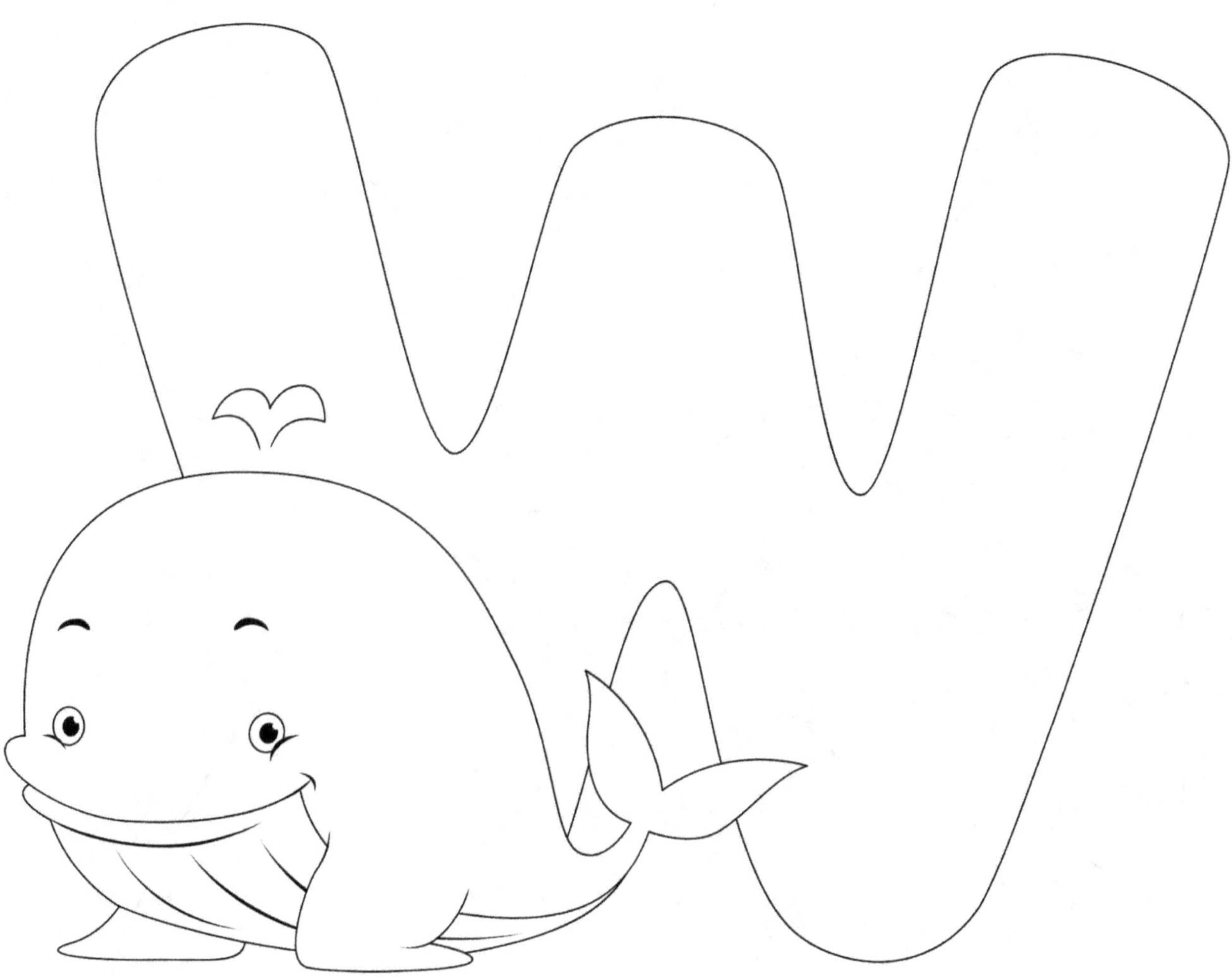

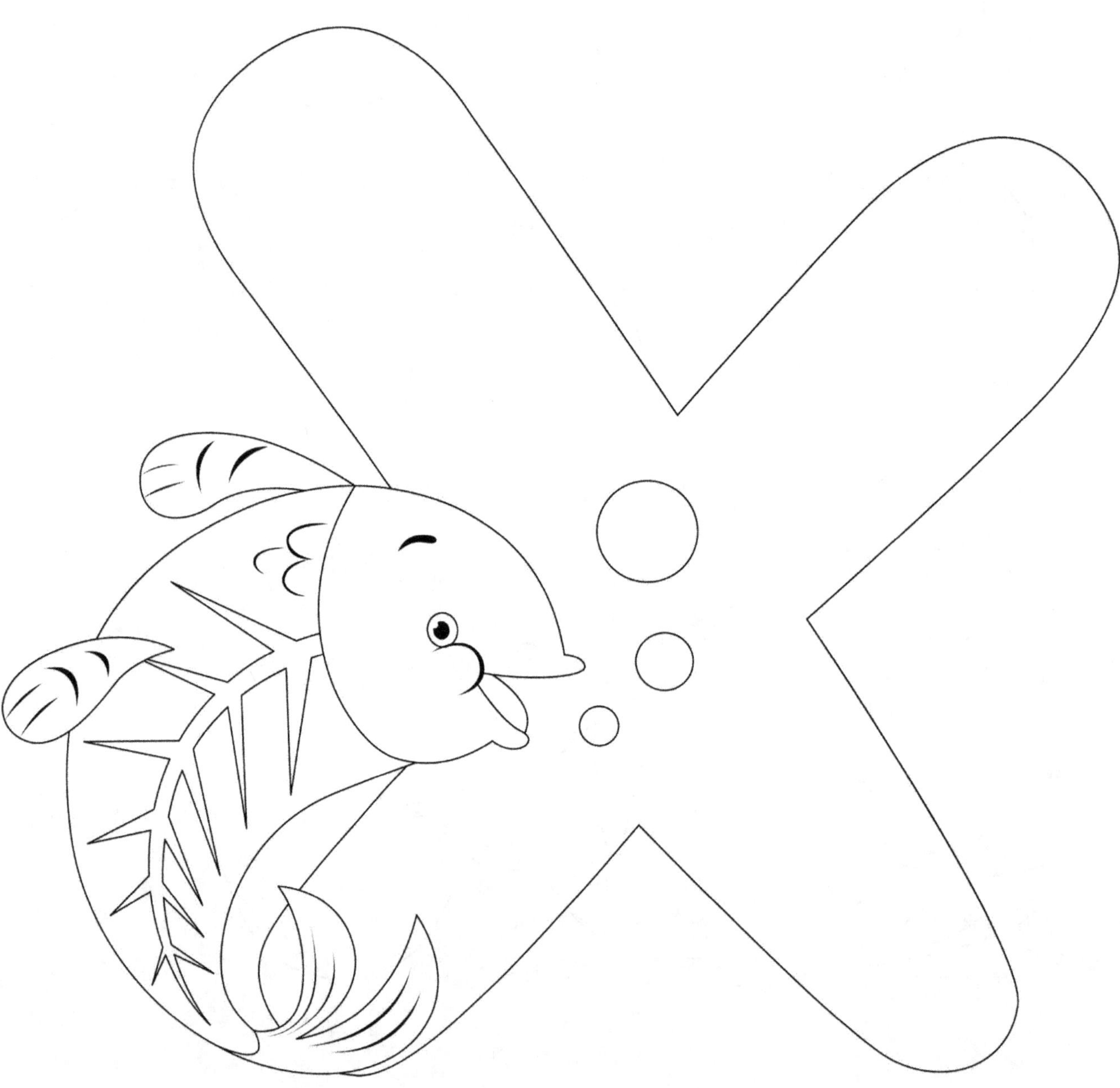

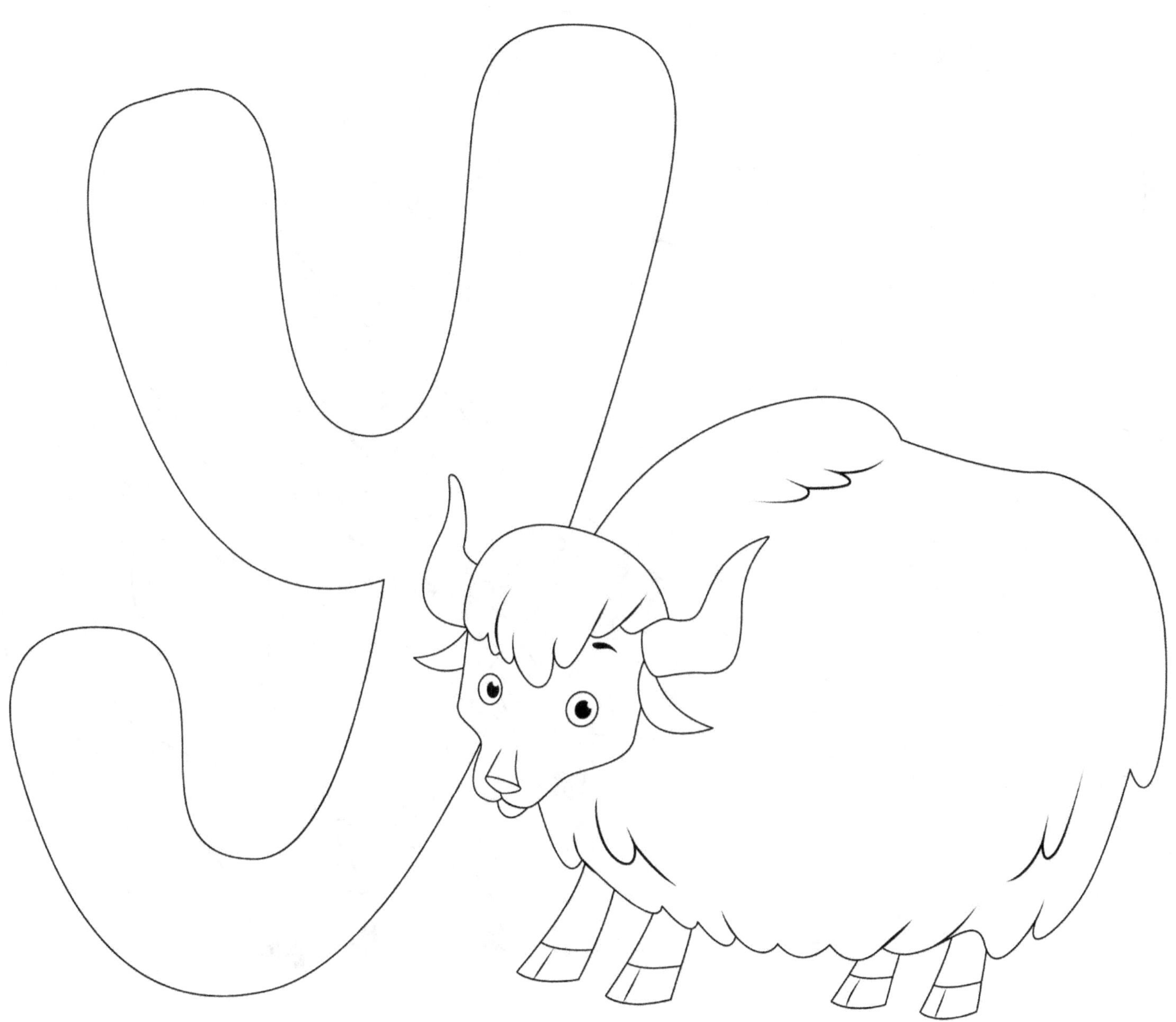

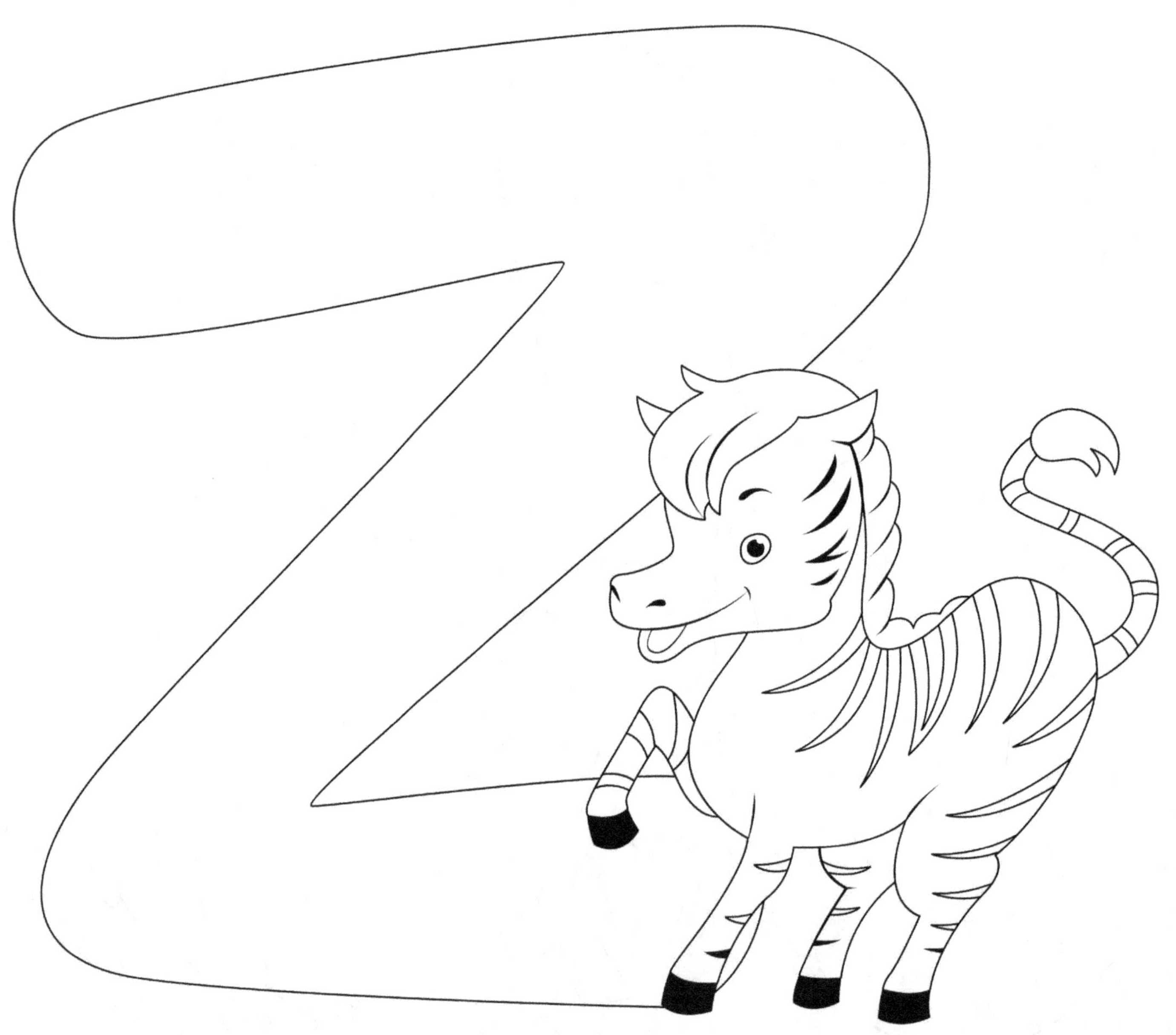